Made in the USA
Monee, IL
20 February 2021

60969499R00069